how to be a wildflower

【美】凯蒂·黛西著/绘　解晓莎/译

这个世界，好东西都是免费的

——凯蒂·黛西的自然田野指南

a field guide
by
katie daisy

SPM
南方出版传媒
广东经济出版社
—广州—

图书在版编目（CIP）数据

这个世界，好东西都是免费的 /（美）凯蒂·黛西著；解晓莎译．—广州：广东经济出版社，2018. 5

书名原文：How to Be a Wildflower: A Field Guide

ISBN 978-7-5454-6144-2

Ⅰ．①这… Ⅱ．①凯… ②解… Ⅲ．①生活方式－通俗读物 Ⅳ．①C913.3-49

中国版本图书馆 CIP 数据核字（2018）第 053560 号

版权登记号：19-2017-145

责任编辑：张晶晶
责任技编：许伟斌
中文设计：何汝清
封面设计：居 居

这个世界，好东西都是免费的

Zhege Shijie, Haodongxi Doushi Mianfeide

[美] 凯蒂·黛西 著 / 绘

解晓莎 译

出版发行	广东经济出版社（广州市环市东路水荫路 11 号 11—12 楼）
经销	全国新华书店
印刷	广州市岭美彩印有限公司（广州市荔湾区花地大道南海南工商贸易区 A 幢）
开本	889 毫米 ×1194 毫米 1/32
印张	6.5
字数	50 000 字
版次	2018 年 5 月第 1 版
印次	2018 年 5 月第 1 次
印数	1—8000 册
书号	ISBN 978-7-5454-6144-2
定价	49.80 元

如发现印装质量问题，影响阅读，请与承印厂联系调换。
发行部地址：广州市环市东路水荫路 11 号 11 楼
电话：（020）38306055 37601950 邮政编码：510075
邮购地址：广州市环市东路水荫路 11 号 11 楼
电话：（020）37601950 营销网址：http://www.gebook.com
广东经济出版社新浪官方微博：http://e.weibo.com/gebook
广东经济出版社常年法律顾问：何剑桥律师

CONTENTS
目录

introduction

引言·我在自然中成长

我在麦田和栅栏间的小路上漫步，那条小路我每天都会走。阳光洒在栅栏边的野菊花上，红色乌鸫对着草地欢快地歌唱。这里是林登伍德（Lindenwood），伊利诺斯州（Illinois）。我，是一朵野花。

我是一枝小麦秆，在阳光下轻轻摇摆。

我是一只蜂鸟，在耧斗菜旁低头啜饮。

我是一只轻快的小蝌蚪，在池塘里自由伸展着新肢。

林登伍德小镇坐落在基尔巴克河畔（Kilbuck），小镇共有505位居民。10年前，我就开始居住在这里，将来也会一直居住下去。在林登伍德的夏天，孩子们是没有时间概念的。白天很长，乐趣很多。落日并不意味着一天工作的结束，而是应邀探索夜晚之旅的开始。院子里，萤火虫散发着点点亮光，夜空中，漫天星座清晰可见，远处郊狼的嚎叫声也成了孩子们的摇篮曲。

我在自然中成长，和自然的关系塑造了今天的我，以及未来的我。从10岁开始，我就习惯了阳光下麦田的味道，熟悉了微风吹在脸颊上温暖轻柔的感觉。

我将泥泞的小溪和野胡萝卜花编织在耳畔，成为一个坐拥美好风景的人。同样，我想怀揣林登伍德午后的乡村美景，将它贯穿到我成年所做的每一次选择中。不管走到哪里，无论历经什么风险，我都将随身携带着这片大草原。林登伍德是地图上的真实存在，但是于我而言，却不止于此。

虽然我现在居住在距林登伍德2000多英里远的地方，但我已经找到了可以随时探索那片田园风光的路径、方法。我还记得孩提时代自己的眼神，记得孩提时代是怎样轻易地就感知到这个世界的奇妙。我觉得自己始终有着那样的眼神，可以一直看得见那神奇美好。我又发现了一个奇妙的世界，这个世界像之前一样充满了神奇。

注：1英里=1609.344米。

这本书将带你发现这个世界和你自身的真相和神奇之处，帮你在它隐藏不见时看清它，在它将要溜走时抓住它，以及在拥有它时应对它。如果你不小心将它遗忘，这本书会提醒你它的存在。

这是一本户外指南书。它适用于柳树绿荫下的田野，适用于满挂露水的花园，适用于沿着海岸行驶的火车旅行。在这本书里，你会发现各种各样的灵感——需要做的事，想要制作的东西，前往的地点，停留的地方，名言摘录，沉思冥想，以及动植物、云朵和其他事物。这本书将会助你完成探险之旅，陪你度过漫长的岁月。这是一本值得珍爱并可以放心随意使用的书。将它和其他探险物品一起放进背包里吧，或是用绳子系起来搭在肩膀上吧。你可以在上面随便写写画画，你也可以将花花草草或漂亮的小玩意儿夹到你最喜欢的页面里。

这个世界，好东西都是免费的。

——亨利·大卫·梭罗

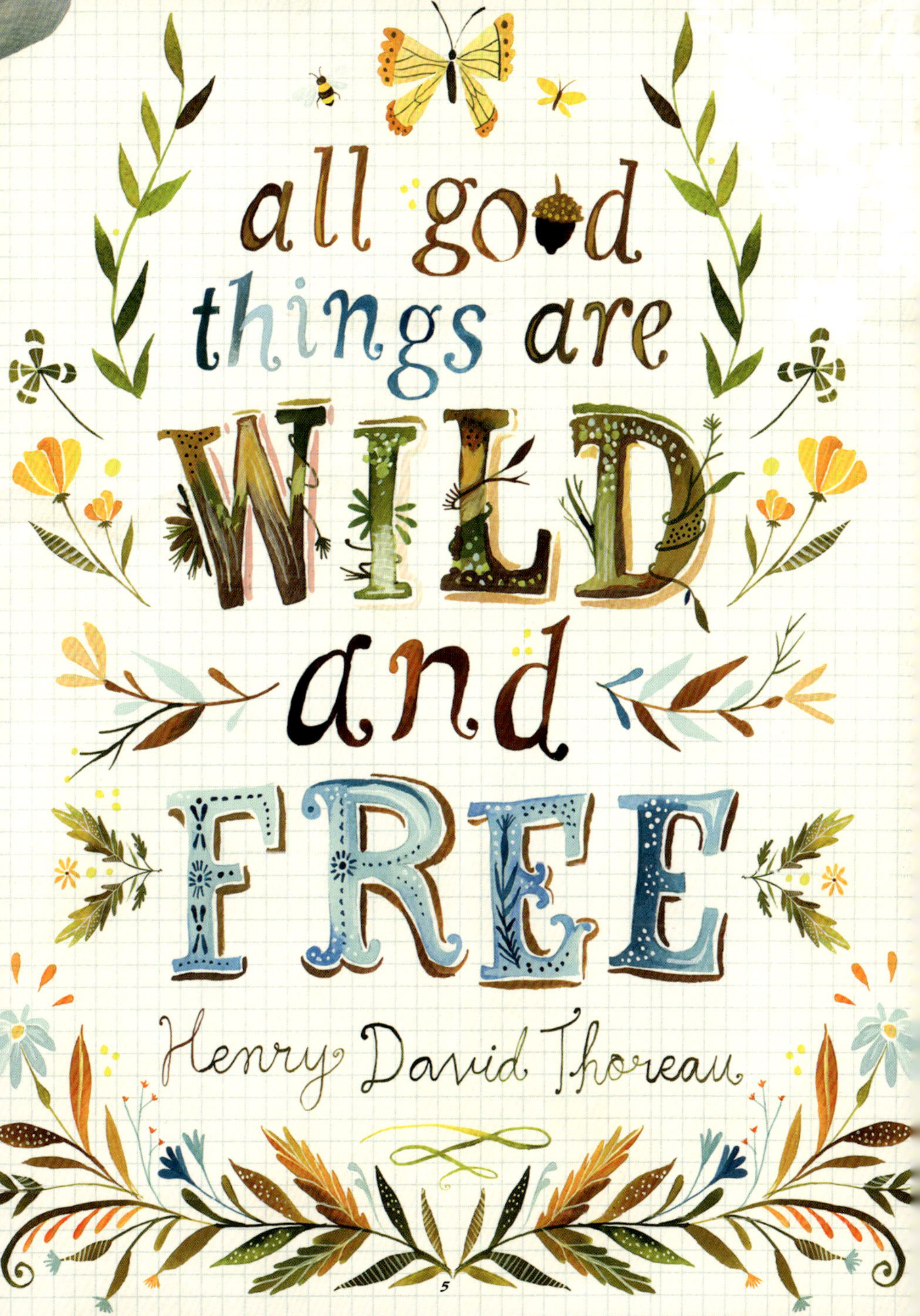
all good things are
WILD
and
FREE
Henry David Thoreau

在每个新的一天，无论你在哪里，总会有奇妙的发现等着你。你探索的越多，就越会发现每天至少有那么一个时刻的美，是简简单单而又真真切切的。那一刻，你睁大双眼——美景与你融为一体，就像你敞开心扉，拥抱它们一样。然后你会发现其实每一天都是由这些美好时刻构成的。于是你开始汇集这些美好的事物，将它们拼缝起来，再然后你会发现生活本身就是一个包含各种美好的拼布毯子。生活中的美好值得被发现，值得被创造，这些美好一直在等着你。

所以，亲爱的，

睁大双眼发现美，

然后拥抱它。

katie daisy

凯蒂·黛西

Tomorrow
TO FRESH
WOODS and
PASTURES
NEW
JOHN
MILTON

安全小贴士

a note on safety

“希望你的旅途崎岖、曲折、孤单、危险，但却拥有最别样的景致。”

——爱德华·艾比

亲爱的探险家们，请注意：外面的世界很奇妙但同时也充满着危险。这当然也是我们深爱这个世界的部分原因了。希望下面这些常识和洞察力能常伴您左右——尤其是在您独自探险的时候。外出时，留个便条告知亲友，带上您的手机以防万一。走在湿滑的圆木上或小河旁的石头上时，请您注意脚下，稳步慢行。留心锋利的树枝和长有尖锐牙齿的动物。带上水，晚上出门带上手电筒。不要害怕去自己从来没有去过的地方。这些还远远不够！时时留心太阳在天空中的位置，时刻关注地标性事物——诸如河水、小路之类。做好准备，保持警惕，收拾好心情，开始您的愉快旅行吧！

明天将奔向清新的树林和全新的草地。

——约翰·弥尔顿

漫步
WA

DER

AFOOT AND
LIGHT-HEARTED
I TAKE TO
THE OPEN ROAD,
HEALTHY, FREE,
THE WORLD
BEFORE ME.
—WALT
WHITMAN
我欣然漫步在大路上，
自由而健康的世界铺呈在我的面前。
——沃尔特 .惠特曼

野外午餐

wanderlunch

- peach
- avocado
- baguette
- honey stick
- wedge of cheese
- thermos of tea
- piece of dark chocolate
- handful of almonds

桃子、牛油果、面包、蜂蜜条 、一块楔形
奶酪、热茶、一块黑色巧克力、一把杏仁

Climb the mountains
and get their good tidings.
Nature's peace will flow into you as sunshine flows into trees. The winds will blow their own freshness into you, and the storms their energy, while cares will drop off like autumn leaves.

—John Muir

爬上山顶，听山的声音。如

光洒入树林，自然的宁静将注入你的心。风将带给你清爽，雷雨将带给你能量，自然的关爱就像秋叶一般飘然而下。
——约翰·缪尔

探险必备物

ADVENTURE THINGS

- 指南针
- 小折刀
- 画笔 / 铅笔
- 小笔记本
- 水壶
- 暖和的帽子和毛衣
- 雨衣
- 手电筒 / 小型照明灯
- 手机 / 照相机
- 手帕
- 结实的绳子
- 装有咖啡或茶的热水壶
- 救生包

登山就是回家。

——约翰·缪尔

going
to the
mountains
is going
home
-muir

MAGICAL PLACES TO VISIT

旅行的神奇之地

- 去北卡罗来纳州大补丁（Max Patch），来次一日游。在草地上尽情放风筝。

- 去爱荷华州（Iowa）的国家纪念碑雕像（Effigy Mounds）来一次徒步旅行，然后在密西西比河（Mississippi）河岸露营。

- 去得克萨斯州（Texas）的马尔法（Marfa）寻找神秘之光。

夏季，开着车窗，一路奔驰，去伊利诺斯州（Illinois）的拉都撒草原（Nachusa Grasslands）。

去加利福尼亚州（California）的布拉格堡玻璃海滩（Glass Beach in Fort Bragg）上，搜寻奇珍异宝。

去大苏尔（Big Sur）的亨利·米勒纪念图书馆（Henry Miller Memorial Library），安静地读本书。

在八月初的早晨，安静地漂浮在奥斯汀巴顿泉（Austin's Barton Springs）上。

去明尼苏达（Minnesota）边界水域，寻找熊的踪影。

傍晚，在俄勒冈海岸（the Oregon Coast）洛克威沙滩（Rockaway Beach）的篝火旁野餐。

带上自家做的洋菝葜根汁去威斯康星（Wisconsin）的普雷里德欣（Prairie du Chien）来场约会吧！

探索红杉林

LORE
OODS

MARVE
AT THE
Blue
MOUN

蓝岭的山脉之美，
令人惊叹不已。

explore these NATIONAL FORESTS

探索国家森林

苏必略国家森林公园（明尼苏达州） Superior - MN

德舒特国家森林公园（俄勒冈州） Deschutes - OR

海伦娜国家森林公园（蒙大拿州） Helena - MT

旧金山红杉树国家公园（加利福尼亚州） Sequoia - CA

加州脊梁：内华达山脉（加利福尼亚州） Sierra - CA

皮斯加国家森林公园（北卡罗来纳州） Pisgah - NC

comb these NATIONAL SEASHORES AND LAKESHORES

带你认识这些国家海岸和国家湖滨

卡纳维拉尔角（佛罗里达州） Canaveral - FL

雷耶斯角国家海滨公园（加利福尼亚州） Point Reyes - CA

门徒群岛国家湖岸风景区（威斯康星州） Apostle Islands - WI

国家彩石湖滨公园（密歇根州） Pictured Rocks - MI

沙丘国家湖岸公园（印第安纳州） Indiana Dunes - IN

DAYDREAM UNDER

红杉树下
的
白日梦
GIANT SEQUOIAS

HIKE
APPAL
TR

徒步穿越阿巴拉契亚小径

POISONOUS PLANTS
有毒的植物
毒常春藤
Poison Ivy
Narcissus
水仙花

毒漆树
Poison Sumac
Lily of the Valley
铃兰
毒橡树
Poison Oak

STAY IN A YURT ON THE OCEAN
住在海边的圆顶帐篷里

Let's
GO
CAMPING
一起去野营

野营清单

Camping Checklist

- □ 帐篷
- □ 睡袋
- □ 枕头
- □ 吊床
- □ 暖和的衣物
- □ 长筒靴
- □ 雨衣
- □ 急救包
- □ 化妆品
- □ 水壶
- □ 帽子
- □ 地图
- □ 双筒望远镜
- □ 炊具
- □ 器皿
- □ 驱虫剂
- □ 柴火
- □ 火柴
- □ 水
- □ 食物
- □ 铝箔
- □ 冷却器
- □ 纸巾
- □ 沙滩巾
- □ 泳衣
- □ 背包
- □ 太阳镜
- □ 哨子
- □ 灯笼
- □ 绳子
- □ 多功能刀

HOW TO PURIFY WATER

怎样净化水?

尽可能地从小河等活水处接水，不要从动物饲养场的水源附近或下游接水。

你可以用类似手帕之类质地紧密的布来净化水，那种有好几层的布过滤效果最好。将布的四角提起，形成袋状，放入一个容器中。这样能过滤掉一些杂质和其他肉眼可见的物质，但并不是所有的肉眼不可见物都是对人体有害的。

确保净化效果最简单的方法就是将之前过滤过的水放在大火或野营炉具上加热。将其煮沸，沸腾 10 分钟后停止加热，让其冷却。

CREEK SWIMMING AND TANGLED HAIR

TAKE CROSS ROAD
来一场跨国旅行

A COUNTRY TRIP

DRIVE DOWN
HIGHWAY 1
WITH THE
WINDOWS
OPEN.
打开车窗，沿着1号高速公路行驶吧！
感受咸咸的空气和暖风的轻拂。
FEEL
THE
SALT AIR
& WARM
BREEZE
ON YOUR
SKIN.

EXP
BIG

探索大苏尔

GET LOST IN AN UNFAMILIAR TOWN

在一个陌生的小镇迷了路

沃尔纳特市，爱荷华州

WALNUT, IOWA

亚查兹，俄勒冈州

YACHATS, OREGON

哈利森，缅因州

HARRISON, MAINE

WEAVERVILLE,
NORTH CAROLINA

韦弗维尔，北卡罗来纳州

林登伍德，伊利诺斯州

LINDENWOOD, ILLINOIS

MENDOCINO, CALIFORNIA

门多西诺，加利福尼亚州

FALL CREEK, WISCONSIN

福尔克里克，威斯康星州

take a
FULL
MOON
HIKE
let it light
your path
在夜色中徒步旅行
让月光照亮你前行的路

普通榛树
Common Hazel
White Willow 白柳
加州铁杉
Western Hemlock
European Larch
欧洲落叶松
Wild Cherry
野樱
海岸红杉
Coastal Redwood
白杨树
Aspen
美国梧桐
Sycamor

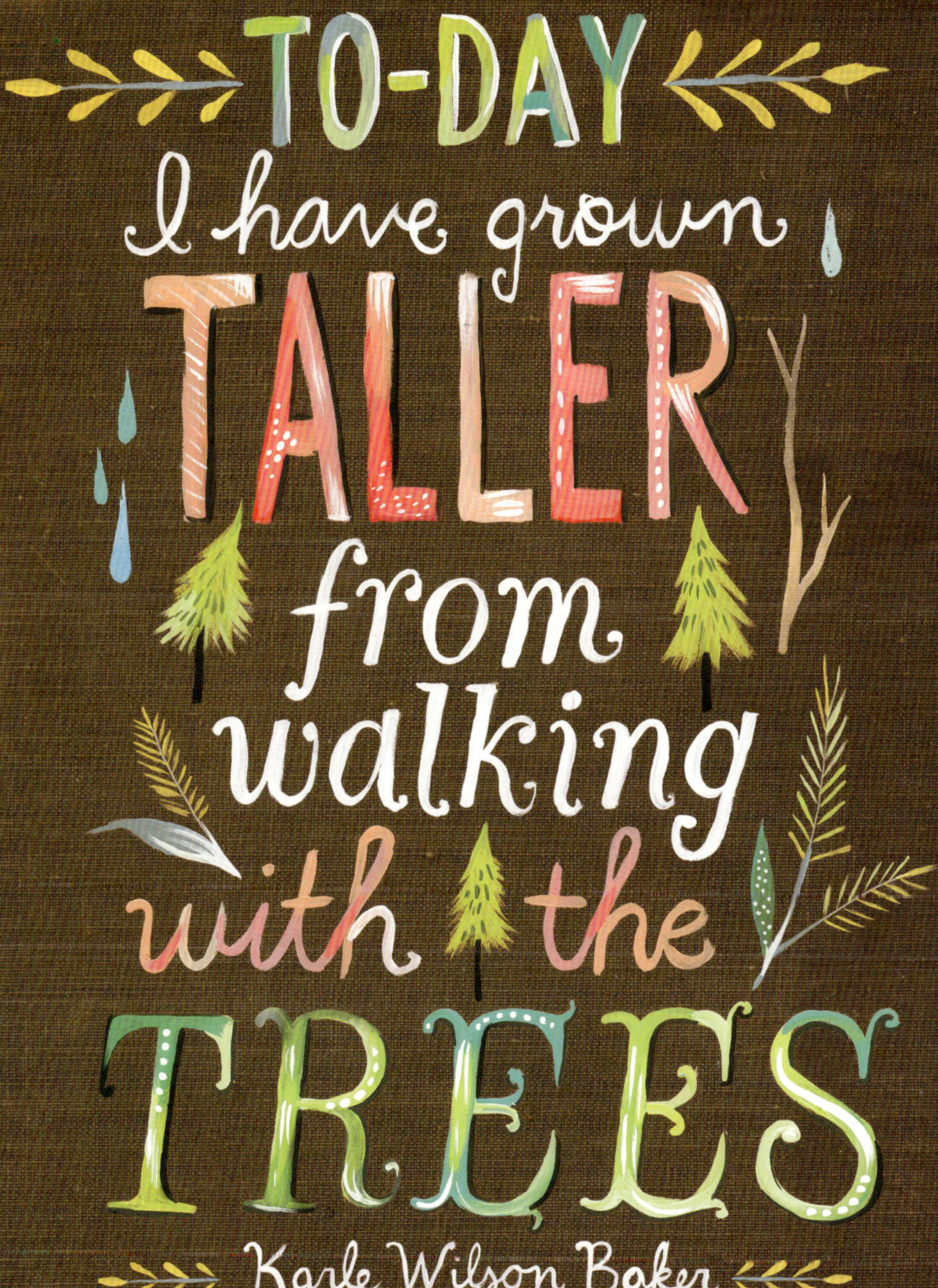

我今天的成长，是因为曾与树木同行。

HOT SPRINGS to visit

可以去泡的温泉

泡温泉对身体和心灵都有好处：可以减轻压力，缓解疼痛，还有助于身体排毒。去下面几处泡温泉吧！

1.巴格比温泉，俄勒冈州（Bagby Hot Springs, OR）

2.草莓公园温泉，科罗拉多州（Strawberry Park Hot Springs, CO）

3.珍娜温泉，阿拉斯加州（Chena Hot Springs, AK）

4.石灰华温泉，加利福尼亚州（Travertine Hot Springs, CA）

希拉温泉，新墨西哥州（Gila Hot Springs, NM）

6.第五温泉，犹他州（Fifth Water Hot Springs, UT）

如果这个星球上真有魔法，那么它一定藏在水里。

——洛伦·艾斯利

if there is MAGIC on this PLANET it is contained in WATER

— Loren Eiseley

TAKE A CANOE TRIP THAT CREEPS INTO THE NIGHT, THEN SET UP CAMP ON SHORE.

夜晚，来一场独木舟旅行，然后开始你的岸边露营吧！

WHERE
HAVE
YOU
BEEN?
你去哪里了？

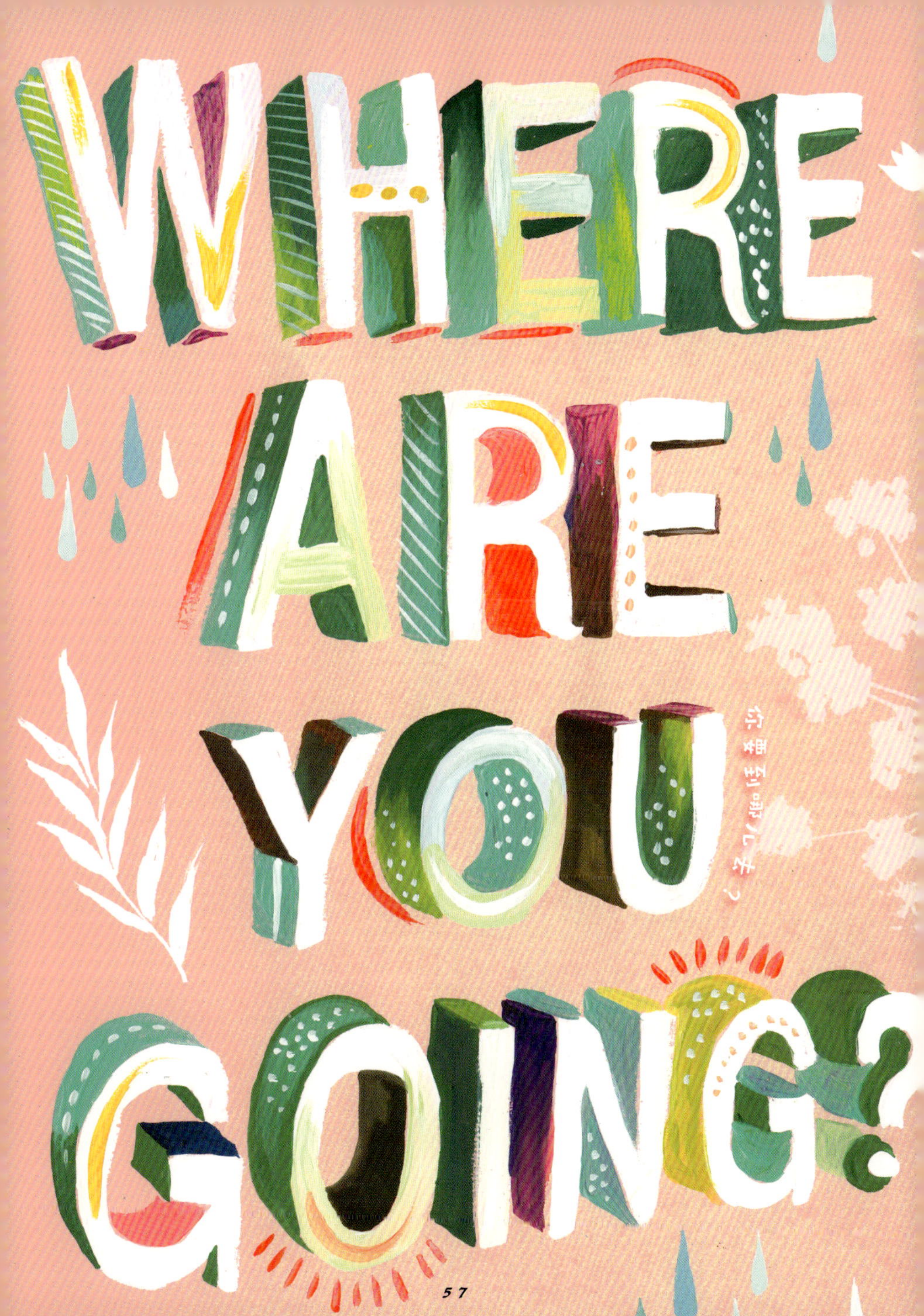
WHERE ARE YOU GOING?
你要到哪儿去？

Bluff Mt.
Bluff
Lemon Gap
Laurel Mtn.
Ridge
Max Patch Mt.
Lynch
Kind
Hogback Mtn.
Lee
Troublesome Gap
SPRING CREEK MOUN
Big Pine
COCKE
MADISON CO.
HAYWOOD CO.
Joe
Spring Creek
Rich Knob
Starret Knob
Meadow
Grassy Land
Dick Knob
Friezeland
Trust
BOUNDARY LINE
Naked Place Mt.
Haynes Knob
Doggett Knob
Doggett Gap
Crossrock
Luck
Split Mountain
Hebo Mt.
Pines Creek
HAYWOOD CO.
MADISON CO.
BUNCOMBE CO.
Sandymush Bald
Palm
Sandymush
Oak Mt.
Crabtree Bald
Pant
Cedar Cliff
Gem
Pinnacle Knob
Ferguson
Peru
Crabtree
Glade Mountain
Mary Gray Knob
Big Butt Mt.
Western
Little Bell Knob
Mountain
Rockyface Mt.

Leonard
Barrett Knob
Walnut
River Bluff Mt.
Marshall
SALISBURY
LINE
Little Pine Creek
Halewood
Mars Hill
Outlook
Sexton
Grantville
IVY RIVER
West Fork
Whiteoak Knob
MADISON CO.
BUNCOMBE CO.
Jupiter
Redoak Knob
Stocksville
Bailey Sta.
Trail Branch
Blackstock Mt.
Flat Creek
Little Flat Creek
Hamburg Mtn.
Blackwell Springs
Alexander
Weaverville
Reems Creek
Grassy Knob
Turkey Creek
Leicester
Olivette
Goldmine Knob
Elk Moun
Gooch Peak
Hanlon Mtn.
Newfound
Juno
Beaverdam
Owenby
Grace
Sunset Mtn.
Spivey Mt.
Deaver View
Emma
ASHEVIL
FRENCH BROAD

CAT

采集

认识
这些树叶
纸皮桦树
pape
birc
know
these
LEAVES
black
walnut
黑胡桃树

sugar maple
糖枫树
honey locust
美洲皂荚树
cottonwood
三角叶杨树

FUNGI 真菌
HONEY WAX CAP
蜜蜡伞
伞形毒菌
AMANITA
OLD MAN OF THE WOODS
线柄松塔牛肝菌

褐鳞环柄菇
SHAGGY PARASOL
羊肚菌
MOREL
鸡油菌
CHANTERELLE

生命中必须要有花相伴，直到永远。

——莫奈

MOTHS
飞蛾
Io
玉米天蚕蛾
Imperial
犀额蛾

Luna
月形天蚕蛾
Cecropia
天蚕蛾

EDIBLE PLANTS
可以吃的植物
Asparagus
芦笋
Wild Onion
野洋葱
蕨菜
Fiddleheads

Violets
紫罗兰
Dandelion
蒲公英
Garlic Mustard
蒜味芥

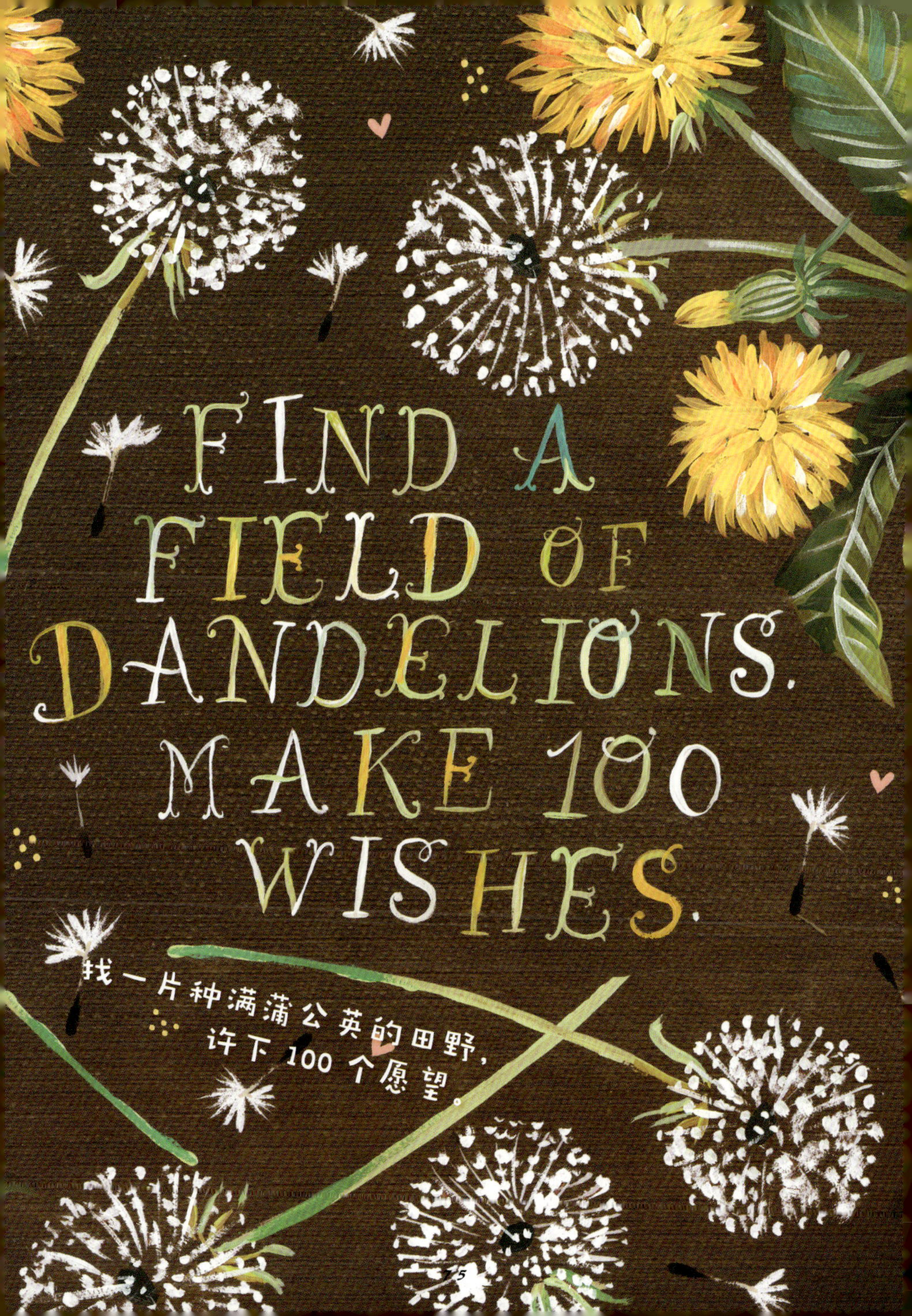
FIND A FIELD OF DANDELIONS. MAKE 100 WISHES.
找一片种满蒲公英的田野，
许下100个愿望。

红翅乌鸫
Red-winged Blackbird
黄鹂
Oriole
黄莺
Yellow Warbler

紫雀
Purple Finch
Goldfinch
金翅雀
Bluejay
冠蓝鸦
认识这些鸟类
KNOW THESE BIRDS

开辟一个小花园，
种下大波斯菊、
雏菊、
罂粟花。
花园里，
蜂鸟低鸣。

grow a garden with cosmos, daisies, poppies & humming-birds.

认识这些野花

know these WILDFLOWERS

野菊花
Wild Daisy
Purple Coneflower
紫松果菊
野胡萝卜花
Queen Anne's Lace
矢车菊
Bachelor's Button
毛茛
Buttercup

Common
Wild Rose
野玫瑰

遍地鲜花，供想看的人欣赏。

——亨利·马蒂斯

press your

在这里留下你喜欢的花儿

flowers here

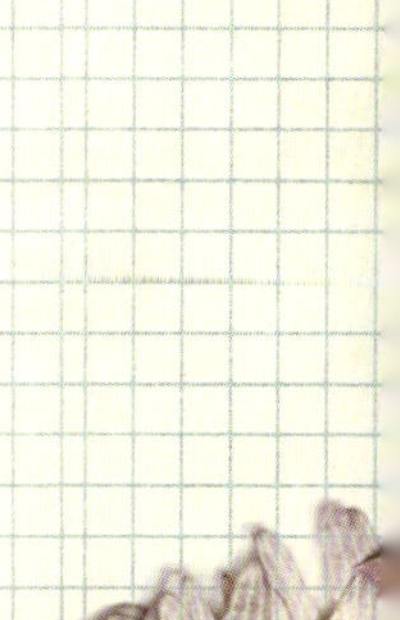

cirrus
卷云
cirrostratus
卷层云
altostratus
高层云
stratocumulus
层积云
cumulus
积云
stratus
层云
nimbostratus
雨层云

cumulonimbus
积雨云
cirrocumulus
卷积云
altocumulus
高积云

我的心中，开出了一朵花园。
MY SOUL is MADE of meadow flowers

Gather:

采集

装满一篮子大小的花花草草，确保它们的茎是可以弯曲的。

Instructions:

做一个花环

1. 根据花茎的长度将花分组。

2. 选取一些花茎较短的花，将它们放成束状，然后用一两根较长的花茎将它们捆成一小捆，就像缠绕麻线那样；轻轻地打结，不要太用力，以免对花茎造成伤害。

3. 将这一小束一小束的花边缘相互重叠，围成一个环状，轻轻地放到头上。

4. 用花茎较长的花将已经定型的花环缠绕固定，就像缠绕刚刚那一小束一小束花那样。

* 花环的制作过程需要你的手指足够灵活，不要沮丧，不要放弃！耐心总会创造奇迹。

MAKE A
WILDFLOWER
CROWN

花一个小时，来寻找四叶草
spend an hour looking for four-leaf clovers
将它们夹到这几页里面吧
press them in these pages

无径之林，常有情趣，

无人之岸，几多惊喜，

无人驻足，是为桃源，

岸畔崖间，鼓涛为乐，

吾爱世人，自然甚之。

——拜伦勋爵

There is pleasure in
the pathless woods
There is a rapture
on the lonely shore
There is society
where none intrudes
By the deep sea
and music in its roar
I love not man the
less but Nature more
—Lord Byron

KEEP
BEES
饲养蜜蜂

养蜂的几点好处

SOME BENEFITS OF KEEPING BEES:

- HONEY 蜂蜜
- CONNECTION TO NATURE 接近自然
- BEESWAX 蜂蜡
- EDUCATION 学习机会
- THE BEST POLLINATORS 最好的传粉媒

养鸡
KEEP
CHICKENS

爱情与鸡蛋，
都是新鲜的最好。
[俄罗斯谚语]

一起探索蓄潮池! Explore a Tidepool

Sculpin
杜父鱼
Anemone
银莲花
Coral
珊瑚
Urchin
海胆
Crab
螃蟹

发展一段不同寻常的友谊

ly
dships

SA

品味
OR

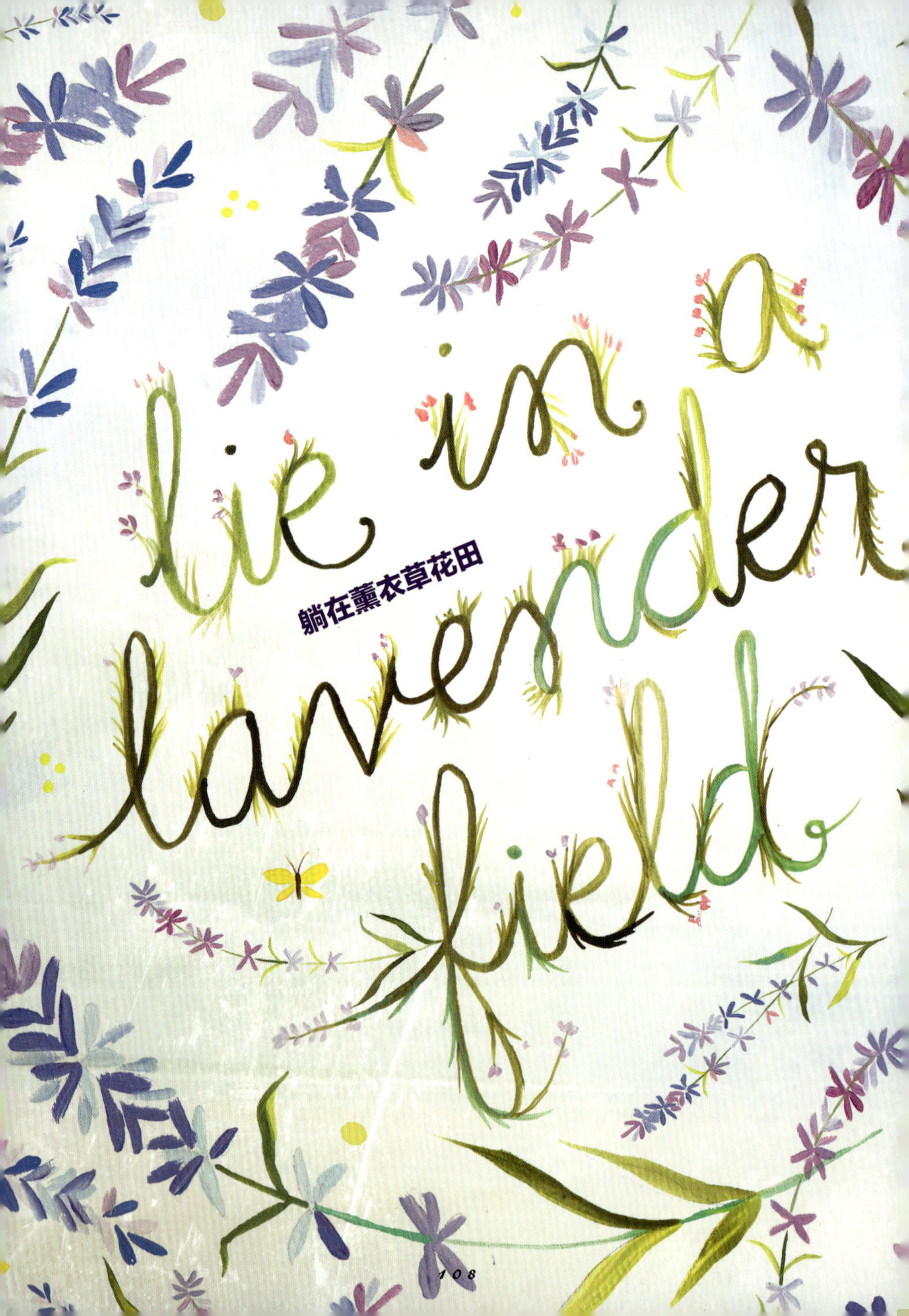

躺在薰衣草花田

lavender SIMPLE SYRUP

制作薰衣草花酿的简易方法

夏天，在你的鸡尾酒、冰咖啡或柠檬水里加点薰衣草花酿吧！

材料：

纯净水 1 杯（240ml）

有机蔗糖 2 杯（400g）

新鲜薰衣草 4 汤匙（60g）

方法：

* 将水加热至沸腾，然后加入蔗糖。
* 用小火煮 20 分钟，不停搅拌，直至

糖完全溶解。

* 关火，但不要将其从炉子上拿下来。

* 摘下薰衣草的花瓣，去除花茎。

* 趁糖水还热的时候，将薰衣草花瓣在掌心揉碎，然后放到糖水中。

* 盖上盖子，静置 10 分钟或更长时间，让薰衣草的花香融入糖水中。

* 用纱布滤去花酿中的花蕾，然后将其倒入玻璃瓶或玻璃罐内。

* 密封，将其冷藏起来，以延长花酿的保质期。

stay close
to anything
that makes
you glad you
are alive
-HAFIZ-
请靠近那些激发你生命力的东西。
——哈菲兹

粉红色的天空

森林中的瀑布

路边的罂粟花

黄昏中飞来飞去的蝙蝠

农场里的小猫

夜泳

玻璃杯里的冰咖啡

烟火

一场夏日浪漫

指尖中揉碎的鼠尾草

黄昏时分草丛中一闪一闪的萤火虫

赤脚走在沾满露珠的草地上

新鲜罗勒

美味的水蜜桃

生命中简单而甜蜜的事情，才是真真实实存在的东西。

——罗兰·英格斯·怀尔德

搭一个帐篷，享受一整天读书的惬意时光

在鸡尾酒中加入洋甘菊

做自由自在、无拘无束的自己

婴儿对着你微笑

长在小河旁的大树

在田野间尽情奔跑

沾满泥巴的脚丫和凌乱的头发

一场户外淋浴

曾经得到的最幸福的拥抱

曾经见过的最鲜绿的草地

It is
the sweet,
simple things
of life
which are
the real ones
after all

Laura Ingalls Wilder

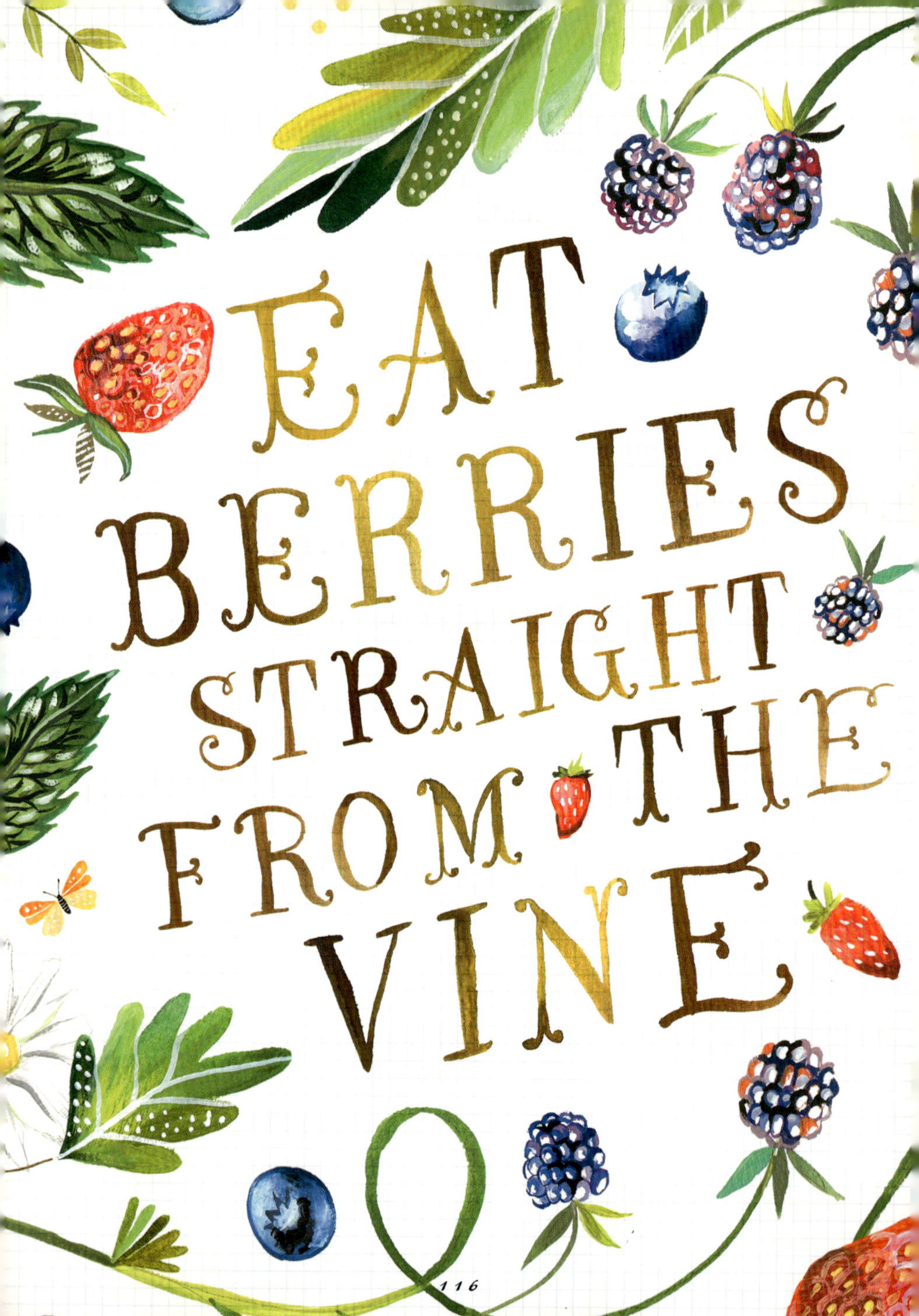
EAT
BERRIES
STRAIGHT
FROM THE
VINE

摘些浆果，直接放进嘴巴里。

CHEERILY-CHEERILY-CHEER-UP!
车儿哩—车儿哩—车儿扑
知更鸟
ROBIN
BIRDIE-BIRDIE-BIRDIE!
波滴—波滴—波滴
红衣凤头鸟
CARDINAL
红眼雀
EASTERN TOWHEE
Learn to identify birdsongs

CHICKA-DEE-DEE-DEE!
咻咔一滴一滴一滴
山雀
CHICKADEE
学会辨别鸟鸣声
DRINK-YOUR-TEEEE!
追一叩一啼
TURR-TURLEE-TURLEE!
突一突一突
东方蓝鸟
EASTERN BLUEBIRD

LET
RA
KISS
Langst

让雨滴亲吻你吧！
——兰斯顿·休斯
YOU
Hughes

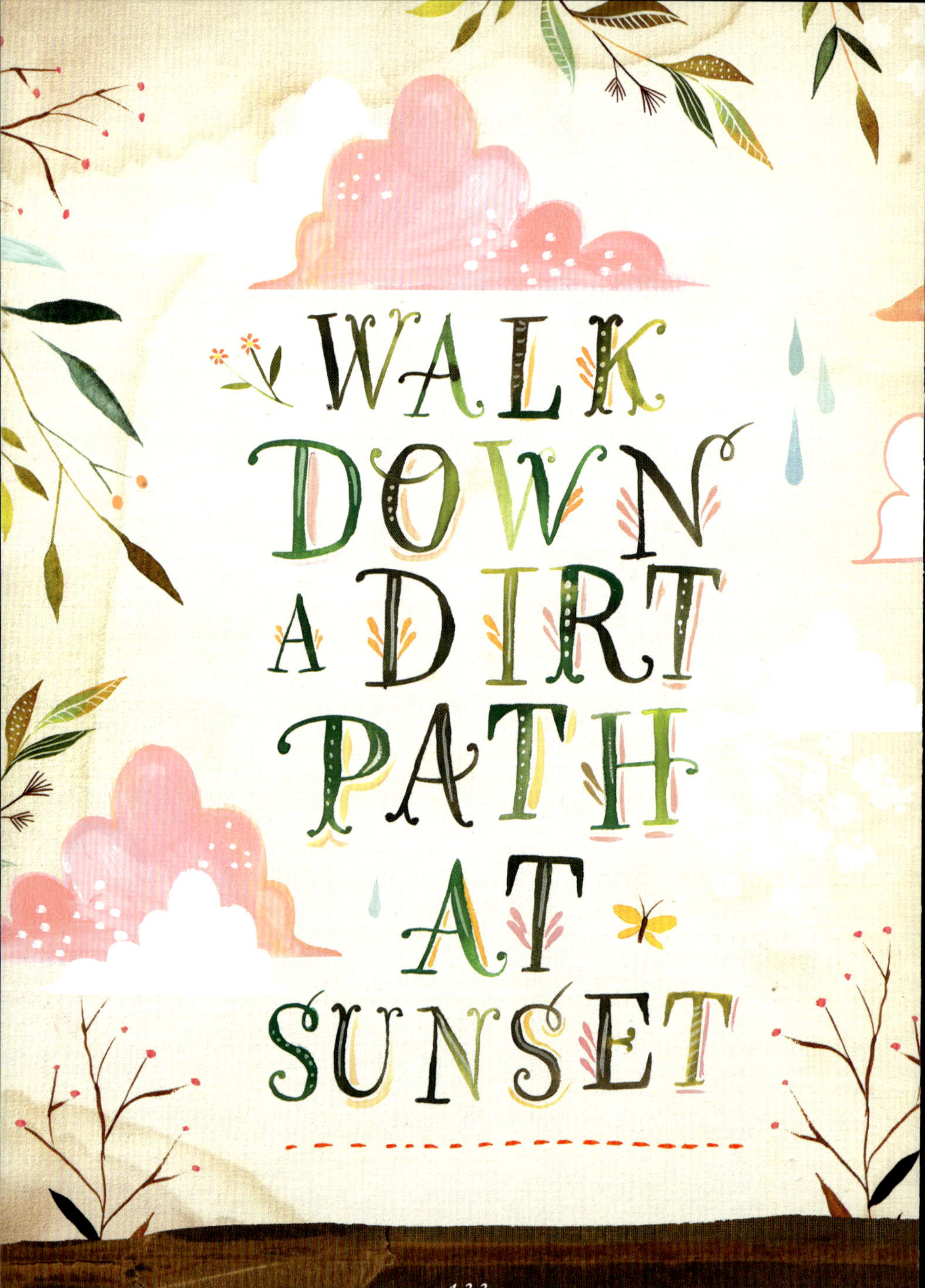
WALK
DOWN
A DIRT
PATH
AT
SUNSET

日落时分，
踏上一条泥泞小路

去看北极光
see the Northern Lights

BACK FLOAT
in a
SUN-WARMED
LAKE

仰浮 在暖暖的湖水中

Take a SUMMER MINERAL BATH with the windows open

在夏日，开着窗户，泡矿泉浴

牛奶或酪乳 2 杯（480ml）

蜂蜜 1 杯（240ml）

粉色喜玛拉雅山盐 1 杯（270g）

鲜玫瑰少量或干玫瑰花瓣、花蕾两片

鲜甘菊花或干甘菊花少量

* 将牛奶、蜂蜜、盐倒入温暖的洗澡水中。轻轻地搅动，让它们均匀混合。当浴缸放满水后，撒上玫瑰花瓣、甘菊花花瓣。

* 躺在水中，呼气、浸泡 15 至 30 分钟。这次沐浴会让你的皮肤变得细腻光滑，并有助于排出体内毒素，使身心平和、放松。

河水的氤氲气带来淡淡的阳光和雏菊花的味道

She smelled of
SUN and
DAISIES
with a hint
of RIVER
WATER

fall asleep
during a
wild summer
thunderstorm
在夏日的雷雨声中熟睡

Cover Me
in L

被紫丁香包围着

hang your
clothes on the line.
they'll be infused with
sun & breeze
& birdsong
将衣服搭在晾衣绳上，让它们充满阳光和微风的味道，让鸟鸣声与它们相伴。

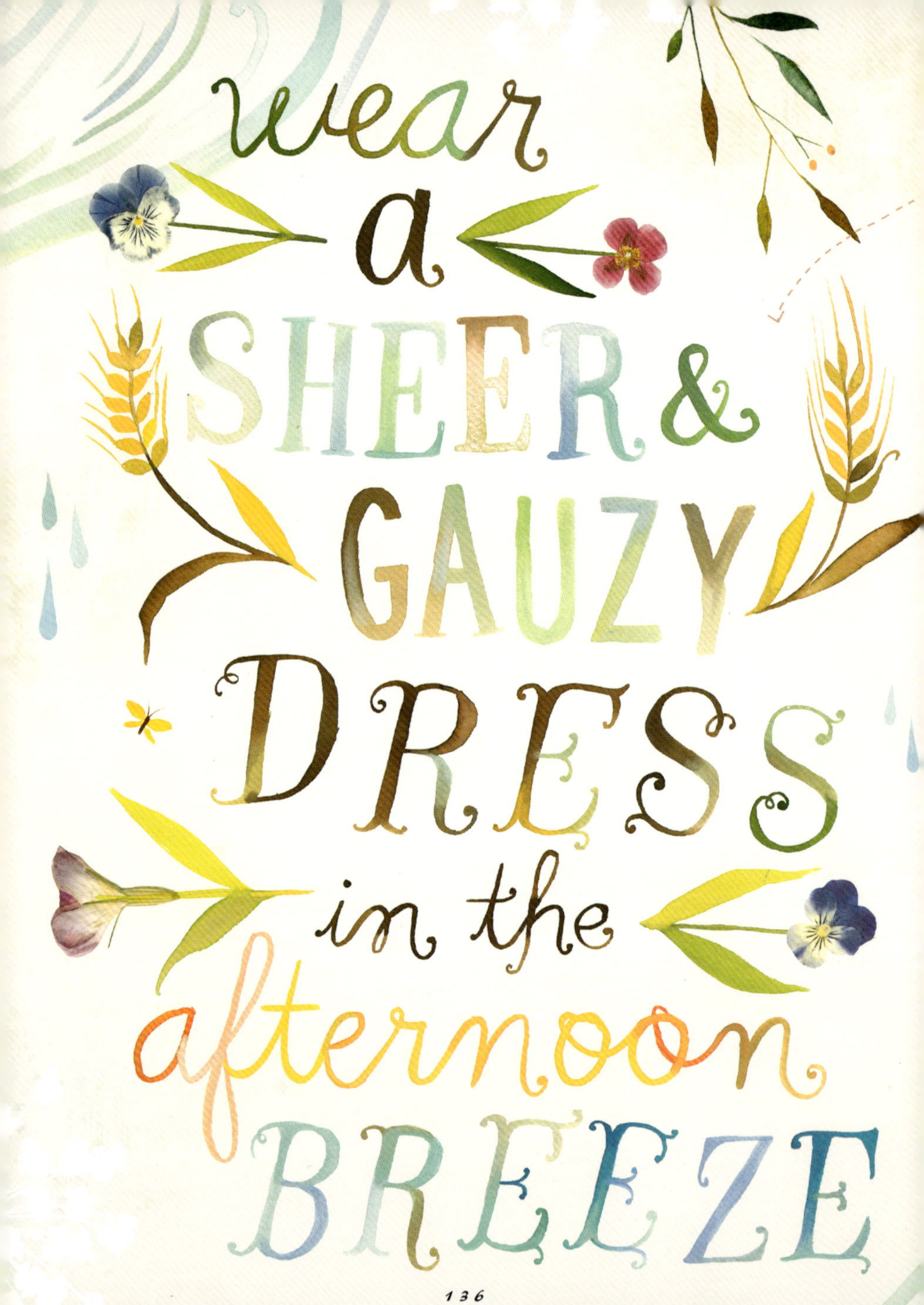
wear
a
SHEER &
GAUZY
DRESS
in the
afternoon
BREEZE

穿一件薄纱裙，
在午后的微风中

Marie in the Meadow

草地上的玛丽

Johann Trojan

Edwin Kunz

3. But who is it sitting 'mid the flowers so bright,
The harebells, the buttercups, the star daisies white?

4. This can't be a flower, a little head I see, —
I've found her, I've found her, I've found my Marie!

在荒野，偶遇一家农家摊

学做草莓派

Make a STRAWBERRY PIE from scratch

CRUST 草莓派的派皮

有机面粉 / 中筋面粉两杯半（300g）

有机蔗糖 1 汤匙

盐 1 汤匙

冷藏的切丁无盐黄油 1 杯（220g）

凉水半杯（120ml）

将面粉、糖、盐全都倒进一个大碗里。用指尖轻轻搅动，让它们混合均匀直至最大的黄油块变成拇指指甲盖大小为止。然后加入水，用木质勺子或小铲子搅拌，直至面粉变成团状，然后用手将面团揉成球状。将面团分成两等份，用保鲜膜裹起来，冷冻至少 1 小时。

FILLING 草莓派的馅儿

新鲜草莓 2 杯（400g）

水半杯（120ml）

有机蔗糖半杯（100g）

柠檬（榨汁）1 个

新鲜罗勒叶（切碎）少量

新鲜肉桂少量

ASSEMBLE & BAKE 混合 & 烘焙

*将草莓洗净，分成两份，一份切丁，倒入平底锅内，加入少量水，小火加热，然后将糖撒到草莓上，盖上盖子。不时搅拌，并加入少量水和柠檬汁以防粘锅。

*草莓汁变稠后，加入罗勒叶，将锅端下来，盖好盖子。草莓馅就做好了。

*将剩下的草莓每个切成两半，放进小碗中。加入肉桂，摇匀。

*取出冷冻好的面团，在撒有面粉的台面上将其擀至6毫米厚。将一片派皮放在23厘米的派盘内，轻轻按压使派皮与派盘贴合，注意不要让派皮裂开。

*将切开的草莓放置在派皮上，再倒入草莓馅儿。

*然后将第二片派皮放到其上，将边缘部分沿着派盘卷下去，使之与底层派皮黏合。从上方对称地切下四刀，怎样切都行，只要你喜欢就好，这样在烘焙的过程中可以使草莓派更好地透气。

*将派盘放至烤箱中层，230°C烘烤12分钟左右，直至边缘的派皮变成金黄色。

*将派盘从烤箱拿出，静置一会儿，晾凉后再切。可以趁热盛出草莓派食用，也可以将其冷藏30分钟后再享用冰凉凉的草莓派。

RHUBARB ELIXIR

大黄混合饮料

大一点的大黄茎 2 个

大黄瓜半根

有机蔗糖 1/3 杯（85 克）

新鲜薄荷少量

新鲜罗勒叶少量

冰

气泡矿泉水 4.5 杯（1 升）

酸橙 1 个（切成 4 块）

* 先将大黄和黄瓜切丁，再将大黄倒入锅内，加入适量水，使大黄充分淹没，放至炉火上加热，然后将蔗糖浇在其上。中火加热，不时搅拌，直至糖完全溶解。
* 停止加热，将大黄捣碎，冷却。
* 将黄瓜、薄荷、罗勒叶等分至 4 个玻璃杯内。往每个杯中倒入大黄混合物，用叉子隔在杯的边缘，防止块状大黄倒入杯内。混合均匀，依照个人口味，酌量加入冰。
* 加入气泡矿泉水，轻轻搅拌，最后用酸橙装饰。

MOREL MUSHROOM & FIDDLEHEAD FERN OMELET

羊肚菌蕨菜煎蛋卷

你可以在春天的时候去东北部的湿地采摘野生蕨菜和羊肚菌。羊肚菌在西部诸州的针叶林中比较常见。

（采摘野生蘑菇时，请牢记蘑菇辨别指南！真假羊肚菌通常长在一起，而吃假的羊肚菌会有危险。）

无盐黄油 4 汤匙（55 克，准备两份）

洗净的蘑菇 6 ~ 8 个

海盐一小撮

洗净或烫过的蕨菜 6 ~ 8 个

大的有机蛋 3 个

香醋若干

现磨胡椒粉一小撮

浓奶油少量

*将一份黄油倒在小平底锅里，用中火加热至融化；加入蘑菇，炖 12 分钟左右或直至汤汁变稠；再加入盐，蘑菇酱就做好了。

*将另外一只炖锅中火加热，倒入剩余的黄油和蕨菜；慢炖一会儿后，加点儿香醋和胡椒粉，再继续煮 5 分钟左右；将蕨菜倒入一个小碗内，炖锅仍放在炉子上。

*将鸡蛋和奶油一起搅拌，直至打发出现泡沫为止；将它倒入刚刚煮蕨菜的空锅里，中火加热；煎蛋边缘部分开始变黄后，翻转鸡蛋，然后将蕨菜放在煎蛋中央。两边都煎好后，将煎蛋放至盘中，对折；再将蘑菇酱淋在煎蛋上。趁热吃，很美味。

GO ON A TREK FOR WILD MAINE BLUEBERRIES

长途跋涉去寻找缅因州的野生蓝莓

GIVE ME THE splendid SILENT SUN

赐予我那壮丽静穆的太阳和它耀眼的光芒吧！

——沃尔特·惠特曼

with ALL HIS BEAMS FULL dazzling

walt whitman

BEA

品味美好

Po

der
沉思

这个世界，
充满了奇妙！

——伊登·菲尔伯茨

e
ERSE
ll of
ICAL
ngs
hillpotts—

Ball
PERFECT
MASON

HOW TO EVOKE A DAYDREAM

怎样做白日梦

收集至少三件下列事物：

一杯茶
一本杂志
新摘的花
暴风雨
旧相册
你最喜欢的书
一朵可以许愿的蒲公英
一块水晶

1. 找个安静的地方（阳光下的草地或是凉爽的树荫下）；
2. 深呼吸几次，进入安静状态；
3. 凝视几分钟准备好的物品；
4. 闭上双眼，开始想一些美好的事物（一个遥远的地方，一个很棒的创意，一次甜蜜的回忆）；
5. 再次深呼吸；
6. 静静地，一动不动。

Make a NATURE MANDALA

制作天然曼达拉

曼达拉起源于东方，可追溯到几千年以前。它通常是在几天内的冥想过程中，用彩色沙子做成的复杂图案。冥想结束后，将所有的沙子和图画收集在一起，然后倒入流水中。曼达拉通常指人生的无常，以及宇宙流动的本性。

用自然之物制作自己的象征着美丽无常的曼达拉。跨上篮子，走进花园或森林，收集那些与自己有默契的物体（树叶、松果、种子、花瓣、石头）。请记得对大自然温柔以待——不要随便采摘，只选择你需要的即可。

找个地方制作曼达拉，平地或沙滩皆可。先放一个

物体作为中心，然后围绕着它放上一圈圈其他自然之物，如图所示。可以通过摆放不同颜色、形状的物体，来改变上述图案。

持续这个过程，直到它达到你满意的大小为止。

静静地拿着你刚刚制作的艺术品，对着曼达拉冥想一会儿后，然后毁掉它！将花瓣撒向空中，或将这些自然之物全部扔进河里。

大熊座
Ursa Major
仙后座
Cassiopeia
know these
CONSTEL
Hercules
武仙座

巨蟹座
Cancer
LATIONS
认识星座
猎户座
Orion

水晶的力量

黑碧玺

属于电气石，象征着转化，有助于缓解压力

拉长石

提高觉悟，远离负能量

ROSE QUARTZ

玫瑰石英

爱之石（自爱、亲情、爱情），象征着平和、冷静，有助于提升自尊，平衡情感

CITRINE

黄水晶

象征着富足和力量；有助于丰富想象力、创造力，提升个人能力

TIGER'S EYE

虎眼石

象征着平衡、好运和财富

AMETHYST

紫水晶

象征着平和、冷静，是传说中的『精神活力之石』；有助于情绪稳定

FLUORITE

萤石

保护心灵，帮助稳定心绪

I have loved the stars too fondly to be fearful of the night
sarah williams

心慕星辰　不畏黑夜

——莎拉·威廉姆斯

SPIRIT ANIMALS

动物图腾

纵观古代文化，动物图腾是连接人与自然的，并且帮助人类在大千世界中找准自己的位置。就像每个人都是独一无二的一样，不同的动物有着不一样的品质、优点及性格。

狐狸
聪明、机智、幸运、
魅力、狡猾

水獭
有趣、智慧、
诡诈、创造力

马
流浪、
自由、
优雅、
领导力、
忍耐力

蜂鸟
欢乐、爱、
魔力、希望

认识属于自己的动物图腾。在开始认识它们之前，先学会和自然独处吧！

熊
力量、勇敢、
自信、能力

用笔记本记录下动物出现在梦里和在艺术品上的样子，以及它们是如何体现你的特有品质的。请认真观察，细心聆听。你会找到属于自己的动物图腾的。

鲸
智慧、平和、
绅士、重情谊

HOW TO BE STILL

怎样静下心来？

Stand tall like a tree.
身体站直，挺拔如木

Plant your feet into the earth.
两脚踏实在土地上

Sigh out loud.
大声叹息

Listen to the world that surrounds you.
聆听周围的世界

Become one with your breath.
聆听自己的内心

Watch your thoughts come & go like clouds floating by.
感受自己的思绪如同飘动的白云，来来去去

Sink into the present moment
陶醉于此刻

Just be.
就这样

站在空旷的草地或田野中央。

闭上双眼，深呼吸。

睁开眼睛，

抬头仰望天空，

张开双臂，

大声呼喊：

“我充满了活力！”

不要担心，

大草原永远都不会评价你，

而野花们也会钦佩你的勇气。

心怀感恩者，夏日当永存

——西莉亚·萨克斯特

There shall be
an eternal
SUMMER in the
grateful
HEART
-celia thaxter

哪儿
让你觉得
最有
生命力？

where do you feel most alive?

Pick the first trail through the thick part of the forest, walk until you find a clearing or a meadow. Imagine you've just found your home.
沿着丛林深处的小路一直
What does it look like?

到你的眼前出现一小片空地或草地。想象你发现了自己的林中小屋。它会是什么样子呢？

with
FREEDOM,
BOOKS,
flowers,
AND
the MOON,
who could not be
HAPPY?
oscar wilde

怀着某种不可名状的喜悦，

你来到太阳湖畔，

感觉自己走进了大自然最神圣的地方，

不畏山的威慑，

不受外界干扰，

尽情体验自然之美。

虽然这些美景给予你心灵的洗礼，

使你感觉自己已与自然融为一体，

但你身处的环境又仿佛充盈着人间之爱，

温暖而又熟悉。

——约翰·缪尔

有了自由、书籍、鲜花和月亮，谁还能不快乐呢？

——奥斯卡·王尔德

SKETCH AT AN OUTDOOR CAFÉ WITH A CUP OF CHAMOMILE TEA.
点杯洋甘菊茶，
坐在户外咖啡厅画素描。

DESCRIBE THE MOST beautiful PLACE YOU'VE EVER BEEN

请描述你曾经去过的最美的地方

如果你是一名画家，
请尝试用海水或河水作画，
它会为你的艺术品增添一份神奇的力量。

IF YOU'RE
A PAINTER,
TRY USING
WATER FROM
THE SEA
OR RIVER.
IT WILL ADD
A SWIRL OF
MAGIC TO
YOUR ART.

阳光洒入林间，树影斑驳，

一起品味梭罗的《瓦尔登湖》。

FIND A SUN-WARMED SPOT IN THE WOODS AND DISSOLVE INTO THOREAU'S *WALDEN*

有时候，比如在夏天的早晨，像往常一样沐浴之后，我坐在门口，晒着太阳，从日出直到中午。身处松树、山核桃树和黄栌树间，凝神沉思，静谧安详，无人打扰。鸟雀叽喳歌唱，或默默地疾飞过我的屋子。直到太阳照上我的西窗，或者远处公路上旅行者的车轱辘声打破寂静，我才意识到时间的流逝。

——亨利·大卫·梭罗

GAZE UPON
A CLOUD-
FILLED SKY.

DRAW WHAT YOU SEE.

凝望着天空朵朵白云，
把你所看到的画在这里。

WEATHER FOLKLORE

天气谚语

云越高，天越晴朗。

月明，霜凝。

日晕三更雨。

冬季，星星越亮，夜晚越冷。

鱼儿出水跳，风雨就来到。

太阳雨，不持久。

雏菊眨眨眼，出门要带伞。

早见毒菌，晚下雨。

燕子低飞，天将雨。

喜鹊搭窝高，当年雨水涝。

W
N
S
E

Always
maintain
a kind of
Summer
even in the
middle of
Winter

身处寒冷冬天，
心如暖暖夏日

每年夏季，
大黄蜂都会唱着千年之歌
——约翰·缪尔

AND THE BUMBLEBEE SINGING EVERY SUMMER THE SONGS SUNG A THOUSAND YEARS AGO

—John Muir—

树木低语，

微风徐徐，

三月野外的早晨，

我听见了它们对我的召唤。

——阿尔弗·雷德·丁尼生

The trees began
to whisper
and the wind
began to roll
and in the wild
March morning
I heard them
call my soul

—Alfred Lord Tennyson

所有的奇迹

e
DER
all,

acknowledgements

致谢

感谢我的爱人以利亚，谢谢他的支持、关心，和他做的美味可口的饭菜；感谢我的宝贝芬·奥莱恩，在我写这本书的时候来到这个世界，激励我去探索发现这个世界的神奇与美好；感谢我的妈妈劳丽、爸爸萨姆，谢谢他们把我养大，让我在自然中成长，谢谢他们对我无微不至的关怀和爱护，是他们激励着我追随自己的内心，教会了我自然对于人类心灵成长的重要性；感谢我的哥哥罗比，是他给了我极大的鼓舞，他一直致力于探索宇宙的奥妙，是我心目中永远的探险家；感谢布雷恩，他崇高的职业道德，他对土地的热爱，以及对我们这个大家庭全心的奉献一直在激励着我；感谢我的商业导师，同时也是我亲密的朋友——贝特西·科德斯，谢谢她帮助我步入正轨，谢谢她一直以来对我的鼓励和启发；特别感谢查克·科德斯，谢谢他为这本书中摘录的名言所付出的努力；感谢我的朋友加布里埃尔·爱德华，谢谢她对我漫谈随笔的整理、润色和修改；感谢阿莉娅，谢谢她很认真地照顾自己；感谢欧文一家对我的支持和爱护；特别感谢米兰妮，谢谢她对我打印店的经营，使我有足够的时间和自由去画画。

感谢每一位在我旅途和冒险中曾经帮助过我的人。没错就是你们，你们懂的。没有你们，就没有这本书。